祖国有多大，用双脚去丈量。

远方的生活是多么不同，用双眼去观察。

行千里路，让我们更加了解祖国。

读万卷书，让我们不断获得成长。

本书通过一百多个旅行地，

带孩子游遍中国，

打开眼界，为孩子插上腾飞的翅膀！

幼儿趣味中国地理绘本

影响孩子一生的中国100成长旅行地

郑度◎主编　黄宇◎编著
[意] 伊丽莎·史陶慈　等◎绘

~GEOGRAPHY~

明天出版社·济南

图书在版编目（CIP）数据

幼儿趣味中国地理绘本．影响孩子一生的中国100成长旅行地 / 郑度主编；黄宇编著；（意）伊丽莎·史陶慈等绘．— 济南：明天出版社，2021.3（2024.10重印）

ISBN 978-7-5708-0081-0

Ⅰ．①幼… Ⅱ．①郑… ②黄… ③伊… Ⅲ．①地理－中国－儿童读物 Ⅳ．①K92-49

中国版本图书馆CIP数据核字（2021）第025180号

YOU'ER QUWEI ZHONGGUO DILI HUIBEN

幼儿趣味中国地理绘本

YINGXIANG HAIZI YISHENG DE ZHONGGUO 100 CHENGZHANG LÜXINGDI

影响孩子一生的中国100成长旅行地

郑度　主编　　黄宇　编著　　［意］伊丽莎·史陶慈等　绘

出 版 人　李文波
选题策划　冷寒风
责任编辑　于　跃
特约编辑　霍丽娟
项目统筹　金惠云
美术编辑　赵孟利
版式统筹　田新培
封面设计　罗　雷
出版发行　山东出版传媒股份有限公司
　　　　　明天出版社
地　　址　山东省济南市市中区万寿路19号
网　　址　http://www.tomorrowpub.com

经销　各地新华书店　　印刷　文畅阁印刷有限公司
版次　2021年3月第1版　　印次　2024年10月第3次印刷
规格　190毫米×230毫米　　12开　4印张
书号　ISBN 978-7-5708-0081-0　　定价　39.90元

目录

走遍神州大地，我爱我的祖国

踏上祖国的大地，看到远方的风景、远方的人和生活，才能真正体会地域是多么辽阔、远方是多么不同。

MILK
万里长城有万里长吗?
故宫就是曾经的紫禁城吗?
小小的你，心中是否有着大大的梦想?
翻开本书，开启旅途，让梦想变得越来越清晰吧!

不朽古迹，我为你自豪

不到长城非好汉

长城是一项伟大的工程，曾是古人抵御外敌的坚固壁垒，像一条巨龙翻越崇山峻岭，雄伟壮观，总长两万多千米，号称“万里长城”。长城最为人们熟知的一段是北京的八达岭长城，上面有“不到长城非好汉”的题刻。

兵马俑震惊了世界

秦始皇陵兵马俑像被埋在地下的千军万马，让人联想到秦始皇横扫六国、一统天下的气势。陶俑的神态各有不同，十分逼真，刚刚出土时是彩色的，轰动了世界各国。

皇家宫殿故事多

故宫旧时称“紫禁城”，是皇家的宫殿，后被开辟为故宫博物院，每个人都可以去参观这个古建筑群，欣赏古代的建筑艺术和精美的奇珍异宝。这里还有很多好玩的历史故事呢。

娶了文成公主的松赞干布修建了布达拉宫。

世界屋脊上的布达拉宫

布达拉宫坐落在青藏高原上，它既是宫殿，也是寺院，珍藏着唐卡、佛像、舍利等极为丰富的历史文物，是雪域高原上的人类文化遗产。

敦煌有个莫高窟

石窟是佛教的一种建筑形式，曾是僧人修行的地方。敦煌莫高窟将石窟建筑、雕塑、壁画汇集在一起，是世界著名的艺术宝库，其中最有名的是敦煌壁画。肃穆的佛像、优美的飞天，会让人不由得感叹艺术之美。

敦煌壁画绚丽、精美，内容涉及宗教、历史等，相当丰富。

龙门石窟很精美

龙门石窟经历了北魏、隋、唐等朝代，留下了上千座窟龛、碑刻和十万余尊造像，其大大小小的雕刻非常富有想象力，不愧为中国石刻艺术的宝库。

在旅途中慢慢成长

牛顿曾说："如果我看得比别人更远些，那是因为我站在巨人的肩膀上。"有了历史留给我们的宝贵财富，我们也能看得更远。

有名气的赵州桥

赵州桥有很悠久的历史，已经建成 1400 多年了。它是隋朝著名匠师李春设计的，河心不立桥墩，设计独特，在中国桥梁史上有着响当当的名声。

殷墟发现了甲骨文

殷墟的发现被评为 20 世纪中国"100 项重大考古发现"之首，它是中国商朝后期都城的遗址，考古学家曾在这里发现了甲骨文，还发现了后母戊鼎（又叫司母戊鼎）和大量的其他国宝级文物，这里见证了商朝的历史和文化。

你有一个名校梦吗

古代的最高学府：国子监

国子监（学）是晋以后的中国古代最高学府，会集了全国的优秀学子，造就了许多名人。国子监里琉璃牌坊两面都有乾隆皇帝的御笔题字，辟雍大殿则是皇帝讲学的地方。

名声在外的白鹿洞书院

白鹿洞书院始建于南唐，是古代著名书院之一，南宋理学家朱熹曾在此讲学，还奏请皇帝为书院写了匾额。它的办学方式影响了日本、韩国等国家，有“海内第一书院”的称号。

未名湖畔看北京大学

北京大学是很多人梦想中的高等学校，曾是中国新文化运动和五四运动的主阵地，严复和蔡元培曾任北京大学的校长。未名湖和博雅塔早已成了北京大学的标志，百周年纪念讲堂里总是有各种精彩的演讲。

岳麓书院人才辈出

千年学府岳麓书院可谓人才辈出，有师夷长技以制夷的魏源，还有曾国藩、左宗棠等。毛泽东也曾在此读书学习，书院后的爱晚亭是他常去的地方。书院位于湖南大学校园内，至今仍在招生教学。

周总理的母校：南开大学

南开大学成立于1919年，由著名教育家张伯苓和严修创办，是周恩来总理的母校。戏剧家曹禺也曾在此就读。校内广场上悬挂着象征南开精神的校钟，矗立着周恩来的雕像，基座上刻着“我是爱南开的”。

水木清华：清华大学

清华大学被誉为“工程师的摇篮”，培养出了很多著名的科学家。“自强不息，厚德载物”是清华大学的校训。朱自清在清华大学任教时，曾写下《荷塘月色》，描写了校园内的荷塘景色。

香港大学“明德格物”

香港大学简称“港大”，是香港历史最悠久的大学，也是名列世界前茅的大学，有亚洲“常春藤”之称，校训为“明德格物”，采用英语教学。孙中山、朱光潜、张爱玲都曾在此就读。

复旦大学“努力前程”

复旦大学最早是由民间集资自主创办的高等学校，孙中山曾任校董，并题写了“努力前程”四字，表达了对复旦学子的希望。

在旅途中慢慢成长

从古至今，几乎每个人都有名校梦。走进百年名校，似乎处处弥漫着浓浓的文化气息，浸润在奋发向上的氛围中，你是否找到了心中的方向？

博物馆，听文物讲历史

中国国家博物馆

中国国家博物馆是世界著名博物馆，是了解中国历史的好地方，其丰富的馆藏文物展现了历史的进程以及灿烂的艺术、文化。馆内有很多珍贵的文物，如后母戊鼎，它象征着古代炼铜技术的辉煌成就。馆内有时会举办特殊展览。

台北故宫博物院

台北故宫博物院是台湾省规模最大的博物馆，毛公鼎、翠玉白菜、肉形石被称为三大镇馆之宝，都是世所罕见的工艺品，馆内还藏有《富春山居图》《快雪时晴帖》等著名文物。

南京博物院

南京博物院最早由教育家蔡元培倡议创建，是中国第一座由国家投资兴建的大型综合类博物馆。拥有藏品 40 万余件，珍贵文物的数量仅次于北京故宫博物院。

陕西历史博物馆

“给我一天，还你万年。”陕西历史博物馆可以说几乎涵盖了中国的全部历史，其文物上起远古人类的石器，下至 19 世纪的各种器物，数量多，种类多，价值高，是华夏历史文物的殿堂。

香港历史博物馆

香港历史博物馆于 1975 年建立，展示了香港的自然生态环境及历史文化，除了珍贵文物，馆内还建造了一些真实的场景，播放大量的影像资料，人们能够借此了解香港发展的百年变迁。

湖北省博物馆

湖北省博物馆藏有越王勾践剑、鹿角立鹤等珍品，拥有中国规模最大的古乐器陈列馆。其镇馆之宝曾侯乙墓编钟是战国时期的大型乐器，由 65 口青铜钟组成。

西藏博物馆

西藏博物馆有佛像、唐卡（宗教卷轴画）、转经筒、古籍等文物，民族特色也十分鲜明，能够让我们了解西藏的历史和文化。

在旅途中慢慢成长

博物馆是值得每个人终身学习的场所，这里藏着文明的精髓，每一件藏品都是一段历史，可以传递知识，引发思考。

三星堆博物馆

三星堆遗址是已发现的文化内涵最为丰富的古蜀文化遗址，在三星堆博物馆中可欣赏到此遗址出土的大量的金器、陶器、象牙、三星堆时期的图腾，一件件文物讲述着数千年前的神秘故事。青铜神树、青铜立人像、硕大的青铜面具已成为三星堆文明的文化符号。

走过山，走过水，世界豁然开朗

五岳之首泰山

东岳泰山古称岱宗，为五岳之首，自古便是受人们崇拜的山，也是帝王祭祀天地的山，有“泰山安，四海皆安”的说法。历代文人雅士在泰山上刻石题字，留下了大量的碑刻。

险峻的华山

西岳华山有“奇险天下第一山”之说，是中华民族的圣山。华山上有很多著名的景点，如长空栈道、鹞子翻身、千尺幢等。

青色的湖——青海湖

青海湖意为“青色的湖”。其湖水之蓝、鸟岛上成群的飞鸟、大片的油菜花、独有的高原特色和浓郁的藏族风情让它成为众人心中的膜拜之地。

黄山与迎客松

黄山号称“天下第一奇山”，因轩辕黄帝曾在此炼丹的传说而得名。迎客松是黄山的标志性景观。明朝旅行家徐霞客登临黄山时说：“天下无山，观止矣！”后来，便成了人们口中相传的那句“五岳归来不看山，黄山归来不看岳”。

长白山与天池

长白山景观雄伟、秀雅、迷人，火山、天池、瀑布、温泉、大峡谷、森林在这里完美融合，壮丽无比。

鼎鼎大名的西湖

西湖是中国少有的湖泊类世界文化遗产，三面环山，湖面被孤山、白堤、苏堤、杨公堤等分隔，因“西湖十景”闻名于世。相传，《白蛇传》中的白娘子就被压在此处的雷峰塔下。湖岸边还有很多人文景观。

黄色的瀑布——壶口瀑布

“黄河之水天上来，奔流到海不复回。”在壶口瀑布前，每个人都能感受到这种气势磅礴、排山倒海之势。在不同季节能看到不一样的瀑布奇观，如水底冒烟、旱地行船、霓虹戏水、晴空洒雨、旱天惊雷等。

在旅途中慢慢成长

我们脚下的大地有自己的故事，它们都藏在壮丽的大自然中，常常让我们叹为观止。大自然在被我们敬畏的同时，也会激发我们心中的力量。

钱塘江大潮

钱塘江潮汹涌澎湃，被誉为“天下第一潮”，是有名的自然奇观。每年中秋节前后是大潮最汹涌的时候，有很多游客来观潮，这一习俗汉魏时期已有，历史悠久。海宁是观潮胜地，不同的地段可欣赏不同的潮景，如一线潮、回头潮、交叉潮等。

伟大的诗人李白都去过哪里

白帝城

长江三峡从重庆的白帝城一直延伸到湖北宜昌，由瞿塘峡、巫峡和西陵峡组成，沿江两岸高山对峙，崖壁陡峭，唐朝诗人李白的《早发白帝城》描绘的便是三峡的风光。

早发白帝城

朝辞白帝彩云间，
千里江陵一日还。
两岸猿声啼不住，
轻舟已过万重山。

望庐山瀑布

日照香炉生紫烟，
遥看瀑布挂前川。
飞流直下三千尺，
疑是银河落九天。

庐山

庐山位于江西省九江市，庐山瀑布是其一大奇观，它是由三叠泉瀑布、石门涧瀑布、黄龙潭瀑布等组成的瀑布群。李白在此写下了《望庐山瀑布》。

峨眉山

在李白心中，“蜀国多仙山，峨眉邈难匹”。在李白描写峨眉山的诗歌中，《峨眉山月歌》是最为经典的一首。

峨眉山月歌

峨眉山月半轮秋，
影入平羌江水流。
夜发清溪向三峡，
思君不见下渝州。

富春山与新安江

新安江、富春江、钱塘江是同一条大江的上、中、下游三段的称呼。两岸景色宜人，群山耸立，人称“富春江小三峡”，吸引了很多人前来游历。

清溪行·宣州清溪

清溪清我心，水色异诸水。
借问新安江，见底何如此。
人行明镜中，鸟度屏风里。
向晚猩猩啼，空悲远游子。

蜀道

李白的少年时代基本都是在四川的青莲镇度过的，因此自号青莲居士。他游历过四川的山山水水，有感于蜀道攀登之难，曾写下《蜀道难》一诗，用丰富的想象力再现了蜀道的惊险奇丽。

蜀道难（节选）

噫吁嚱，危乎高哉！蜀道之难，难于上青天！

黄鹤楼送孟浩然之广陵

故人西辞黄鹤楼，
烟花三月下扬州。
孤帆远影碧空尽，
唯见长江天际流。

黄鹤楼

唐代诗人崔颢的一首《黄鹤楼》古诗，让后人对黄鹤楼产生了无比的憧憬，历代文人在此留下了许多千古绝唱。传说李白登此楼，目睹此诗，大为折服，说："眼前有景道不得，崔颢题诗在上头。"

在旅途中慢慢成长

诗仙李白一生漂泊不定，足迹遍布大半个中国，经历了仕途上的跌宕起伏，也增长了阅历和见识。

送温处士归黄山白鹅峰旧居（节选）

黄山四千仞，三十二莲峰。
丹崖夹石柱，菡萏金芙蓉。
伊昔升绝顶，下窥天目松。

黄山

传说黄山是轩辕黄帝得道成仙的地方，钟情于寻仙访友的李白也曾在此游山玩水，被山中美景吸引，一首诗就写出了黄山的非同凡响。

寄王屋山人孟大融（节选）

我昔东海上，崂山餐紫霞。
亲见安期公，食枣大如瓜。

崂山

崂山，以其山海钟秀、人杰地灵的仙山姿态而著称于世，几千年来，不知有多少文人雅士慕名而来。

节日，融入当地人的狂欢

火把节

在四川、云南、贵州一带的多个少数民族地区，有一个古老而重要的传统节日，那就是火把节，它被称为“东方的狂欢节”。点燃一支支火把，燃起一堆堆篝火，通宵达旦，人们随着音乐跳起欢快的达达舞，祈福、祭祖、娱乐，热闹极了。

欢聚草原那达慕

在那达慕大会上大展身手，是每个蒙古族男儿的愿望。加入内蒙古草原上最热闹的节日庆典，在辽阔的草原上看蒙古族勇士赛马、摔跤、射箭，听着悠扬的马头琴声，品地道的羊肉和奶茶，围着篝火跳起蒙古族舞蹈，草原之行便无憾了。

三月三歌节

生活在广西等地的壮族人民素以善歌著称，他们用歌声表达感情，抒发对生活的热爱。在传统的三月三歌节到来时，人们对歌、赛歌，开展大型歌会，举办各种庆祝活动，汇成歌的世界。

哈尔滨国际冰雪节

每当国际冰雪节来临，整个哈尔滨就像童话故事里的冰雪王国，处处银光闪闪，光彩夺目。冬季到哈尔滨来看雪、玩雪、看冰灯、赏雪雕、滑爬犁，体验一番冰天雪地里的热闹，心中是否也会种下五彩斑斓的梦想？

泼水节

相互泼水是在表达祝福？没错，在云南傣族最隆重的节日——泼水节上，人们可以尽情泼水，互相祝福。欢乐、祝福的水花到处飞溅，场面好壮观呀！

平溪天灯节

为了庆祝元宵节，在台湾平溪，万人齐聚，燃放满载祝福和心愿的孔明灯。孔明灯带着人们书写的心愿冉冉升空，在夜色中闪耀，十分美丽。

在旅途中慢慢成长

旅途中的你，不只看到了美丽的风景，也看到了更多的人和事。看到的越多，你心中的世界也会越来越宽广，体会到“海纳百川，有容乃大”的道理。

洛阳牡丹文化节

四、五月份百花盛开，花中之王牡丹因为国色天香的美誉吸引着大批游客来到洛阳。洛阳有“牡丹花城”的美誉，每年都会举办牡丹文化节。这里的牡丹品种多、花色美，种植面积也非常大。

风筝节

山东潍坊的风筝远近闻名，形态各异，其中有你想象不到的巨型风筝。作为风筝的发源地，这里年年举办的国际风筝节吸引了无数游客。

山东快书使用竹板或铜板作为伴奏乐器。

多变的色彩，拼出绚烂的世界

塔里木胡杨林

作为生命力顽强的古老树种，胡杨生长在极旱荒漠区，有活化石之称，常常会引发人们对生命的无限敬仰之情。秋季的塔里木胡杨林国家森林公园呈现出一派金黄色，像童话世界，显露出生命的光辉与坚韧。

百里杜鹃

贵州有世界上最大的原始杜鹃林带，因绵延百里而得名“百里杜鹃”，其杜鹃品种多达几十个。每到春季，漫山遍野的杜鹃花争相开放，成为杜鹃花的海洋。风景区内，山、水、林、洞、奇石和谐一体，还生活着很多珍禽异兽。

龙脊梯田

在广西龙脊山上，层层叠叠的梯田、绵延起伏的山脉和清一色的吊脚楼融为一体，形成一幅美丽的画。在蓄水充足的季节，梯田水平如镜，倒映出天空的颜色。收获季节，梯田栽种的水稻呈现出一层层金黄色的丰收景象。

门源油菜花

油菜花因为旺盛的生命力开遍了中国的大江南北，而门源是全国较大的油菜种植区，这一人造的景观面积达 50 万亩，油菜花绵延不绝，涌向天边。

祁连山草原

草原一望无际的绿色总是让人怀念。在祁连山下有着广袤的原始林区和草原，立夏之后，这里便成了绿色的海洋。绿草如茵的大草原、天空中朵朵白云、成群的牛羊，汇织成独有的草原风光。

在旅途中慢慢成长

世界不只是一种颜色，它五彩斑斓，它绚丽多姿。同样，生活也是有不同颜色的，热爱生活的你一定能发现它的多姿多彩。

霞浦滩涂

霞浦的海不是只有蓝色，渔民们在滩涂上晾晒紫菜和海带，当作农田，为这片大海带来了缤纷色彩。霞浦滩涂被誉为“中国最美滩涂”，会随着光线变化出不同的景象。

红海滩

地点：辽宁

在这条独一无二的红色海岸线上，大面积的红色翅碱蓬铺天盖地般生长着，造就了一个红艳艳的自然奇观。

解忧公主薰衣草园

不用到法国普罗旺斯，也能欣赏到大片美丽的薰衣草。伊犁的解忧公主薰衣草园被称为“中国薰衣草之乡”。每到六、七月份，漫山遍野的紫色花海飘散着淡淡的薰衣草花香，令人沉醉。

奇特的地貌是大自然的杰作

雅丹地貌的魔鬼城

克拉玛依的魔鬼城是典型的雅丹地貌，在茫茫戈壁上的魔鬼城可观赏到形状怪异的石柱，它们似城堡、宫殿、猛兽等，起风时诡异的声响又为这里增添了神秘感。

张掖七彩丹霞

丹霞地貌与彩色丘陵结合在一起是什么样的景观？张掖七彩丹霞可以给你最好的答案，它地处祁连山北麓，地貌以色彩艳丽、层理交错称奇，多种颜色将沟壑、山丘装点得绚丽多彩，仿佛给大地披上了五彩霞衣。

小寨天坑

小寨天坑有典型的岩溶漏斗地貌。天坑底部有一条暗河，曾引得很多探险家探寻暗河水源。坑壁上有泉水泻入坑底，像小瀑布一般，使得坑底湿润，植被茂盛，常常会出现云雾缭绕的奇境。

鸣沙山月牙泉

月牙泉早在汉代就是游览胜地，因外形酷似新月而得名，位于鸣沙山的环抱之中，流沙与泉水只有数十米远。虽然风沙不断，但月牙泉数千年来不曾枯竭，是一种沙泉共存的独特地貌。

张家界地貌

大自然的鬼斧神工造就出张家界这一世界独有的奇峰林立的景观，这种地貌因此被命名为张家界地貌。它是砂岩地貌的一种独特类型，形成条件非常苛刻。

和平岛豆腐岩

台湾的和平岛有着独特的风化和海蚀地貌，其豆腐岩因岩石被“切割”成豆腐块状而得名。在海水的侵蚀下，豆腐岩还有可能变成较平滑的馒头石。

黄龙

黄龙因主景区黄龙沟宛如一条黄色的龙而得名。著名景观为海拔三千米以上的五彩池。黄龙以彩池、雪山、峡谷、森林四绝著称，景观奇特，保留着原始的形态，被誉为“人间瑶池”。

在旅途中慢慢成长

有一些神奇的地方，只有你自己去过，亲眼见过，才能感受到它带给你的震撼。它们会让你惊呼：“世界上竟然还有这样的地方？”

织金洞

织金洞因跨度最宽、洞厅最高等多项世界之最，被称为“溶洞之王”。洞内有各种奇形怪状的石柱、石笋，组成了一个个奇特的景观，能让人感受到地下喀斯特地貌的震撼。

和珍稀动植物亲密接触

玉带海雕
较罕见，叫声非常响亮。
珙（gǒng）桐
因花形酷似展翅的白鸽，被称为“中国鸽子树”。
银杉
产于中国的稀有树种，多生长在气候潮湿的地区。
白唇鹿
唇的周围和下颌（hé）为纯白色。
马来熊
体形最小的熊，冬季不冬眠。
金斑喙凤蝶
一种极为名贵、罕见的蝴蝶，为中国特有。
红腹锦鸡
雄性的羽毛色彩鲜艳，雌性的羽毛则较为灰暗。
大熊猫
中国国宝，有“活化石”之称。
华南虎
中国特有虎种，一般单独生活，善于游泳。
玳瑁（dài mào）
分布于中国华东、华南沿海，是国家二级保护动物。
中华鲟 十分古老的鱼类。

金丝猴
鼻孔上仰，脸为蓝色，为中国特有。
朱鹮（huán）
濒危物种，十分胆小，被称为“吉祥之鸟”。
桫椤（suō luó）
极其珍贵，国家一级保护濒危植物，曾与恐龙生活在同一时代。
小熊猫
喜欢在树枝上打瞌睡，性格十分温顺。
亚洲象
性情温和，只有雄象有象牙。
云豹
尾巴几乎与身体一样长，爬树本领极高。
大鲵
叫声像婴儿啼哭，俗称“娃娃鱼”。中国大鲵是世界现存最大的两栖类动物。

走在古城古道，自带诗书气质

丽江古城

丽江古城又名大研古镇，融合了多个民族的建筑风格。著名景点有四方街、木府、大水车等。古城内有着多姿多彩的民族风俗和娱乐活动，如丽江古乐、东巴仪式以及纳西族火把节等。

乌镇

浙江桐乡的乌镇是典型的江南水乡，有上千年的历史，人们常去的是东栅景区和西栅景区。东栅主要有茅盾故居、文昌阁、戏台、染坊等景点，西栅景区毗邻京杭运河，有木心美术馆等。

凤凰古城

湘西的凤凰古城是以土家族、苗族为主的少数民族聚集地，始建于清康熙年间，有三百多年的历史。古城内以青石板街道、木结构吊脚楼为特色，有石板老街、沱江跳岩、虹桥、沈从文故居等景点。

平遥古城

平遥古城完好地保存了明清时期县城的基本风貌，可以看到晋商第一家票号日升昌、平遥县衙、文庙、华北第一镖局博物馆，以及钱庄、当铺、绸缎庄等。

茶马古道

“北有丝绸之路，南有茶马古道”，茶马古道是一条与丝绸之路一样重要的通道，源于唐宋时期西南边陲的茶马互市，是以马为主要交通工具的民间商贸通道。古道主要有三条线路，即青藏线、滇藏线和川藏线，其中滇藏线茶马贸易的茶叶以云南普洱茶为主。

徽杭古道

徽杭古道是一代代徽商进入杭州经商的重要通道。徽商是徽州商人的总称，于宋朝开始活跃。“红顶商人”胡雪岩就是徽商的代表人物。

景德镇

景德镇被称为中国“瓷都”，元朝时便开设御窑厂，专为宫廷生产御用瓷器。景德镇瓷器自古便名扬天下，有“白如玉、明如镜、薄如纸、声如磬”的赞誉，其中最著名的有青花瓷、玲珑瓷等。

在旅途中慢慢成长

古城古道是我们近距离接触历史的好时机，青石板、古民居、古朴鲜活的生活，让我们仿佛坐着时光机回到了过去。

恩施土司城

恩施土司城风格独特、景观亮丽、规模宏大，包括门楼、侗族风雨桥、校场、土家族民居等景点，是了解土家族的历史、感受古老醇厚的民风民俗的好地方。

村落那么美，有不一样的烟火

婺源风光

江西婺源的古村落群被誉为“中国最美的乡村”，保留了很多明清时期的古建筑。白墙黛瓦的徽式古民居、春季大片的油菜花田、秋季篁岭的晒秋景象、严田的古樟古桥，都已经成为婺源的文化符号。

永定客家村落

在福建永定有多个客家村落，村中的土楼是客家人所建的民居，具有很强的防震性，有防御等功能。土楼分为方楼、圆楼与五凤楼，千姿百态，种类繁多，很有特色。

如画的宏村

宏村是安徽具有代表性的古村落，位于黄山脚下，古称弘村、七侠镇，始建于北宋。宏村因奥斯卡获奖电影《卧虎藏龙》的取景闻名中外，有“画里乡村”这一美誉。

砖雕是由坚硬的青灰砖雕镂而成的。

程阳八寨

在三江侗族自治县，分布着八个侗族村寨，俗称“程阳八寨”。寨子之间由风雨桥相连，举世闻名的程阳风雨桥就坐落在这里。除了风雨桥，还能看到鼓楼、吊脚木楼等侗族特色的建筑。

禾木村的秋色

禾木村位于新疆喀纳斯湖畔，村里的房子全是用原木搭建而成的，与牧群、雪山、森林、草地构成了独特的景致，充满了原始气息。秋季时，层林尽染，绚丽多彩，十分迷人。

西江千户苗寨

西江千户苗寨完整地保存了苗族的原生态风光，层层叠叠的吊脚楼，工艺精湛的苗族银饰，苗家人热情的芦笙舞，夜晚的万家灯火，都让人流连忘返。余秋雨先生曾点评说这里“以美丽回答一切”。

在旅途中慢慢成长

在古村落体验地道农家生活，玩一玩乡村孩子的游戏，是一种与城市生活完全不同的生活，你是否被深深地吸引了？

人间仙境，种下美丽梦想

心中的日月——香格里拉

香格里拉，藏语意为“心中的日月”，是一个藏在群山峻岭之中的宁静之地，较高的海拔使它显得格外美丽。这里有高山湖泊、水草丰美的牧场、百花盛开的湿地、飞禽走兽，以及独特的民族风情。普达措国家公园、虎跳峡等都是这里著名的景点。

西双版纳原始森林公园

野象、孔雀、竹楼、神秘的雨林、婀娜的傣族舞蹈、月光下的凤尾竹、掩映在凤尾竹丛中的庄严佛塔……这就是西双版纳，一片理想而神奇的乐土。热带雨林中古藤缠绕、参天巨树直刺苍穹，让人感受到树木生长的无穷生机和浑然天成的奇趣。

异彩纷呈的九寨沟

九寨沟以高山湖泊群、彩林、蓝冰等闻名于世。宁静的犀牛海、宽阔的诺日朗瀑布、艳丽的五花海、翠蓝的五彩池……九寨沟的色彩缤纷、奇特、变幻无穷，像绚丽奇幻的瑶池，给人一种自然纯净的感受。

百里漓江

漓江两岸是典型的喀斯特地貌，山峰形态万千，最有代表性的景观是九马画山、黄布倒影、象鼻山等。乘坐竹筏游漓江，就像进入了一幅画，人们称这里为百里画廊。小学课本中的“桂林山水甲天下”指的就是漓江风光。

天空之镜——茶卡盐湖

茶卡盐湖是柴达木盆地著名的天然结晶盐湖，因湖面像闪闪发光的镜子，被誉为中国的“天空之镜”。景区有众多盐雕可供观赏，还可乘坐小火车深入湖中，观看大型采盐船采盐时的场景。

辽阔的呼伦贝尔大草原

呼伦贝尔大草原地域辽阔，绿波千里，河流纵横交错，九曲回环。宽广的呼伦湖与贝尔湖畔栖息着天鹅、白鹭、中华秋沙鸭等鸟类，白色毡房星星点点地散布在草原上，成群的牛羊吃着青草，炊烟袅袅，犹如一幅无边无际的画。

高山湖泊喀纳斯

喀纳斯是位于阿尔泰深山中的高山湖泊，湖的颜色会随季节和天气的变化而变化，湖的四周都是原始森林，秋季层林尽染，十分绚烂。

在旅途中慢慢成长

世间的美景有千千万万，可是能打动你心灵的只有那么几处。也许，它们还会催生你心中那股汹涌澎湃的力量，让你为了心中的仙境奋斗不息。

苍山雪，洱海月

苍山环抱着洱海，洱海枕着苍山，苍山与洱海浑然天成，在这里看山、看水、看云、看渔民，都有与别处不同的感悟。苍山上的积雪映衬着湖水，中秋节之夜的月亮倒映在洱海，非常美丽，传说那是天宫仙女的宝镜在为生活在这里的捕鱼人照亮鱼群。

哪一个是你向往的城市

北京

首都北京既保留着旧时的皇家园林和古老的胡同，也有现代化的商圈、国家大剧院、奥运场馆，以自己独特的魅力吸引着祖国各地的人们来追逐自己的梦想。

上海

上海地处长江入海口处，黄浦江水穿城而过。江水的一侧是中国著名的金融中心陆家嘴，标志性建筑东方明珠电视塔坐落于此，另一侧是外滩，曾为英国租界，坐落着不同风格的欧式建筑。

重庆

重庆以山地为主，长江横贯市内。宋光宗先封恭王再登帝位，自诩“双重喜庆”，重庆由此得名。这里是红岩精神的起源地，巴渝文化的发祥地。其火锅文化、吊脚楼风格等影响深远。

三亚

三亚位于海南岛的最南端，是具有热带海滨风景特色的国际旅游城市，有“东方夏威夷”的称号。这里的亚龙湾、蜈支洲岛、凤凰岛、大小洞天让无数的国内外游客为之倾倒。

哈尔滨

冰城哈尔滨是国际冰雪文化名城，市内建筑风格中西合璧，有圣索菲亚大教堂、俄罗斯木屋、中央大街等人文景观。一年一度的冰雪大世界展现了冰雪文化和冰雪旅游的独特魅力。

广州

花城广州在古时是海上“丝绸之路”的发祥地，是有着两千多年历史的文化古城和革命名城。美丽的珠江穿城而过，两侧都是现代化的高楼大厦。市内也有很多有历史印迹的地方，西关大屋、上下九步行街、特有的镬耳屋都是广州的象征。

在旅途中慢慢成长

美丽繁华的大都市各有各的魅力，这魅力不只来自美丽的风景，更来自于它们经历的往事和历代名人留下的故事。

青岛

青岛树木繁多、四季常青，不但是一座非常美丽的海滨城市，还是一座历史文化名城。这里异域建筑种类繁多，让人觉得仿佛来到了国外的某个城市。梁实秋曾将青岛捧若天堂。

西安

西安古称长安，曾有多个朝代在这里建都，是丝绸之路的起点，地上地下都保存着许多文物古迹和奇珍异宝，是一座鲜活的“立体历史博物馆”。

令人惊叹的工程，堪称奇迹

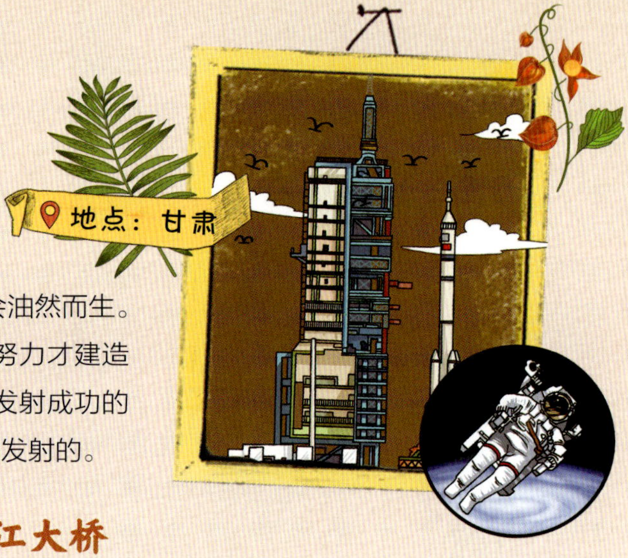

酒泉卫星发射中心

提到酒泉卫星发射中心，每个人心里的自豪感都会油然而生。这里又称“东风航天城”，是经过几代航天人的不懈努力才建造而成的，为我们实现了一个又一个航天梦。中国首次发射成功的载人航天飞行器——“神舟”5 号飞船就是在这里成功发射的。

鸭绿江大桥

丹东鸭绿江上有两座“姊妹桥”，它们曾在抗美援朝战争中成为支援前线的交通枢纽，遭受了战火的洗礼，它们就是中朝友谊桥及与其相邻的鸭绿江断桥。站在桥上，你的脑海中是否会浮现出中国人民志愿军“雄赳赳，气昂昂，跨过鸭绿江”的场景？

都江堰

两千多年前，李冰父子带领蜀地民众修建的都江堰带来了成都平原“水旱从人，不知饥馑”的富饶，现今都江堰水利工程仍有防洪、灌溉的作用。

坎儿井

在新疆干旱少雨的沙漠地带，人们在地下挖了长达十几千米的地下暗渠，引融化的雪水和地下水灌溉农田，减少水的蒸发。它就是坎儿井，其历史可以追溯到汉代，是中国古代的三大工程之一，至今仍在使用。

长江三峡大坝

三峡大坝是中国规模最大的水利工程——三峡水利枢纽工程的主体工程，不仅使得三峡天堑变通途，也使它成了世界著名的水力发电站和清洁能源生产基地。

太行山郭亮挂壁公路

山西和河南交界处的太行山大峡谷有着典型的嶂石岩地貌。悬崖峭壁给出行带来困难，人们一锤锤开凿，造就了挂在绝壁上的险峻公路。太行山中一共有 7 条挂壁公路，又名“绝壁长廊”，始建于 1972 年，位于海拔 1000 多米的悬崖上。

东水门大桥、长江索道

因桥梁众多，重庆又被称为“桥都”，拥有东水门、朝天门长江大桥等。长江索道是市民过江的重要交通通道。

在旅途中慢慢成长

看到一代又一代建造者打造的超级工程，创造的无数奇迹，会不会激发你心中的宏伟蓝图，让你想要超越前辈，创造属于自己的奇迹？

青藏铁路

青藏铁路是连接青海西宁市和西藏拉萨市的铁路，是世界上海拔最高、穿越冻土地段最长的高原铁路。这条铁路修建时的最大障碍是极度低温和冻土层，全线贯通用了将近 50 年的时间。铁路全长 1956 千米，沿途常常能看到藏羚羊。

港珠澳大桥

港珠澳大桥是中国的一座连接香港、珠海和澳门的桥隧工程，因超大的建筑规模、空前的施工难度和顶尖的建造技术而闻名世界。

京杭运河

京杭运河实现了南北水路交通的大贯通，是中国古代人民创造的伟大工程，如今不但仍在使用，而且也是南水北调工程的重要组成部分，其起点在浙江杭州。

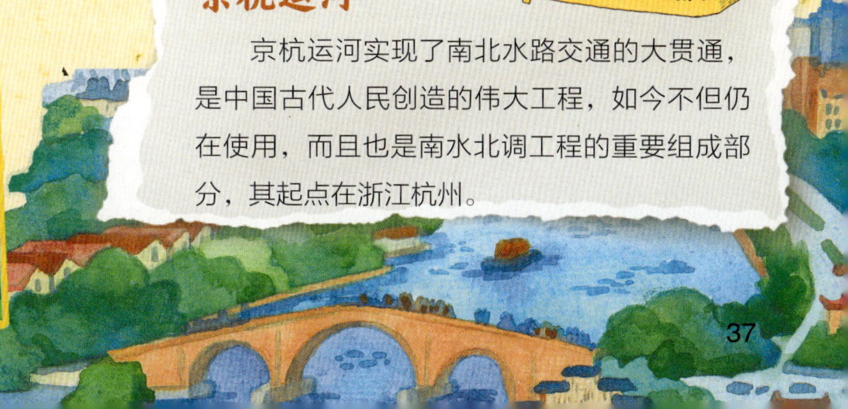

游古典园林，感受艺术之美

皇家园林博物馆——颐和园

颐和园体现了中国园林艺术的高超技巧，是保存最完整的皇家行宫御苑。园内长廊以彩画著称，画有山水花鸟和中国古典四大名著中的故事情节，称得上一步一景。

万园之园——圆明园

圆明园为清朝大型皇家宫苑，集宫廷建筑、江南水乡园林、欧洲园林等多种建筑风格为一体，后被外国侵略者焚毁，仅存遗址，它承载着历史的伤痛。最值得观赏的是十二生肖兽以及大水法、黄花阵、西洋楼等遗址，令人震撼，让人遥想当年盛世的辉煌。

江南名园——豫园

坐落在上海老城厢的豫园是典型的江南古典园林，始建于明代，由明代造园名家张南阳设计，园内有玉玲珑、点春堂等景点。古人称赞它“奇秀甲于东南”，“东南名园冠”。

皇家行宫避暑山庄

避暑山庄由清朝康熙帝下令修建，是清朝皇帝夏天避暑与处理政务的场所，体现了自然山水的本色和江南、塞北的风光，“山中有园，园中有山”是它最大的特色，使它成为中国古典园林艺术的杰作。山庄内的皇家藏书阁文津阁，见证了清王朝的兴与衰。

苏州古典园林

苏州古典园林住宅和园林合一，以小巧、精致、淡雅、写意见长。其中著名的代表有沧浪亭、狮子林、拙政园、留园等，这些园林代表了一种生活的理想，是诗意的栖息地，曾影响了明清时期整个江南城市的建筑格调。

岭南园林——可园

岭南园林通常规模较小，融汇了中西文化，既有地方特色，又富有现代感。清代岭南四大园林有清晖园、余荫山房、可园、梁园等，其中的可园建筑特色鲜明，被前人赞叹为“可羡人间福地，园夸天上仙宫”。

湖上园林瘦西湖

瘦西湖湖面狭长，景色可与西湖媲美，所以叫作“瘦西湖”。瘦西湖以“湖上园林”著称，享有“园林之胜，甲于天下”的美誉，拥有五亭桥、二十四桥、钓鱼台等景观。烟花三月时，湖畔琼花开放，增添了不少韵味。

在旅途中慢慢成长

小桥流水、楼宇亭阁……中国古典园林里有着不同的美，也充满了诗情画意，使人“不出城郭而获山水之怡，身居闹市而得林泉之趣”。

没有苦，哪来甜
——红色之旅忆往昔

改变中国的西柏坡

西柏坡曾是中共中央所在地，是震惊中外的辽沈、淮海、平津三大战役的指挥中心。党中央曾在此召开了很多重要会议，对改变中国命运有着重大的意义，所以人们常说“新中国从这里走来”。

井冈山革命根据地

井冈山革命根据地是中国第一个农村革命根据地，被誉为“中国革命的摇篮”。井冈山市有井冈山革命博物馆、八角楼毛泽东同志旧居、井冈山会师纪念馆、井冈山革命烈士陵园等。

白洋淀上芦苇荡

白洋淀是河北最大的湖泊，湖中有大片芦苇荡和多种荷花。在抗日战争时期，白洋淀上有一支抗日游击队——人称“水上飞将军”的雁翎队，他们利用白洋淀天然的屏障痛击日军。家喻户晓的电影《小兵张嘎》也是以白洋淀为背景的抗日战争故事。

沂蒙山区

作为革命老区，沂蒙山区曾被无数革命后人誉为“两战圣地”“红色沂蒙”，有众多历史遗迹如孟良崮战役陈毅指挥所旧址、抗日烈士陵园、沂蒙山纪念馆等。在这片红色沃土上诞生了无数革命的英雄儿女，发生过无数可歌可泣的革命故事。

毛泽东同志故居

这是毛泽东同志出生的地方，位于湖南韶山，是最早入选爱国主义教育基地的景点之一，大门匾额上的题字为邓小平同志所写。

中共一大会址

中国共产党第一次全国代表大会会址纪念馆，简称中共一大会址，是中国共产党的诞生地。后被改成纪念馆，收藏着革命建设时期的文件、书籍、照片和其他珍贵文物。

在旅途中慢慢成长

我们生活在一个和平安定的时代，这都是革命前辈流汗流血打下来的天地。知道幸福日子是怎么来的，会让我们更加珍惜现在拥有的一切。

革命圣地延安

延安在革命战争年代曾是中共中央所在地，中国人民解放斗争的总后方，是中国革命的圣地。这里发生了一系列改变中国历史进程的重大事件，留下了很多革命旧址。

你崇敬的名人，曾生活在这里

曲阜三孔

孔子被尊称为孔圣人、至圣先师。曲阜孔庙曾是孔子的故居，被后人扩建成庙，用来祭祀孔子。它与相邻的孔府、孔林合称为“曲阜三孔”，有着深厚的文化积淀和丰富的文物珍藏，在这里可以感受到古老的东方文化。

杜甫故里

这里是诗圣杜甫出生和生活的地方，也是他的长眠之地。杜甫故里景区内的展品以“来自这片土地，又回归这片土地”为主题，诠释了一个真实而全面的杜甫。千百年来，历代文人墨客、专家学者怀着崇敬之情来到此地，留言题字，写下了赞歌。景区内有很多石碑题刻着国内外著名书画家的墨宝，被称作“诗圣碑林”。

王羲之故居

这是书圣王羲之出生的地方，位于临沂。相传王羲之幼年时在洗砚池边涮笔洗砚，使清澈的池水变成了墨色。他的代表作《兰亭序》被誉为“天下第一行书”。

鲁迅故居

浙江绍兴的鲁迅故居颇具江南风情，是鲁迅出生的地方，有百草园、三味书屋和鲁迅祖居。鲁迅笔下的咸亨酒店、乌篷船在这里都能看到，人们能够感受到鲁迅当年生活的真实场景，品味鲁迅笔下人物的特点和故事背景。

老舍故居

文学巨匠老舍先生是土生土长的北京人，是第一位获得“人民艺术家”称号的作家。他在这个小院生活了 16 年，创作了《茶馆》《龙须沟》等作品。因院内有两棵柿子树，老舍夫人将这里命名为丹柿小院。

霍元甲故居纪念馆

霍元甲是清末著名的爱国武术家，为精武体育会创始人，是一位家喻户晓的英雄人物。其故居纪念馆陈列着霍元甲生前习武、务农、生活的实物展品和珍贵照片，从建成之日便有众多爱国人士来参观，重温这位爱国英雄的传奇故事。

孙中山故居纪念馆

孙中山故居纪念馆位于中山市翠亨村，由孙中山故居与孙中山文物馆组成，人们在此可了解孙中山的生平与思想。故居内的四个大字“天下为公”格外瞩目，是孙中山一生奉行的准则。

在旅途中慢慢成长

你的心中是不是住着一位顶天立地的大人物？他是谁？都有哪些值得你敬仰的地方呢？去他们生活过的地方，了解他们的生平和志向吧。

上海宋庆龄故居纪念馆

宋庆龄是孙中山的夫人，也曾是中华人民共和国名誉主席。她曾在此居住了十几年，留下了许多珍贵的文物，故居内的陈设保持着宋庆龄生前的原样，存有徐悲鸿赠送的《双马图》等。

把浩瀚的大海装进心胸

三亚亚龙湾

在三亚，有一处月牙形海湾，沙白水清，水下珊瑚异彩纷呈，那便是亚龙湾，它被誉为“天下第一湾”。这里一年四季气候温和，即使在冬季也可以游泳，是非常理想的海景旅行地。

鼓浪屿

鼓浪屿是厦门最大的岛屿，因为岛上的海蚀岩洞受浪潮冲击时，声如擂鼓而得名。小岛被海包围，被花点缀，一年四季绿意盎然，风景秀丽，还拥有许多古老的建筑。它还有琴岛的美誉，总是能欣赏免费的音乐会和演出。

北戴河与山海关

北戴河位于秦皇岛市，是中国的避暑胜地之一，景色秀丽，古迹众多。这里的山海关是自古以来的军事要地，号称“天下第一关”，因北依燕山、南连渤海而得名。

大连金石滩

大连金石滩形成于几亿年前的震旦纪，三面环海，浓缩了史前形成的地质奇观，沉积岩石、海蚀洞随处可见，有“神力雕塑公园”的美誉。

青岛海滨风景区

青岛海滨风景区包括栈桥、海水浴场、小青岛、五四广场等景点。自 2008 年奥运会帆船比赛选定在青岛举办，这里多了一道海上景观——乘坐帆船出海，将沿岸风景一览无余，还能看到小朋友们练习驾驶小帆船的场面。

烟台蓬莱阁

因为有八仙过海的传说、云雾缭绕的海上仙境，以及海市蜃楼的奇观，蓬莱阁被视为人间仙境。蓬莱阁建于海边悬崖上，屹立于万顷碧波之上，又处于渤海和黄海分界处，可谓一山看两海。

北海银滩

婆娑的椰林、湛蓝的海水、白色的沙滩，构成了北海银滩的无限风光。在洁白的沙滩上游玩嬉戏，观看逗趣的鸟类表演，远望海天相连处的渔帆点点，一定惬意极了。

到垦丁去看太平洋

如果你想去看太平洋，就到垦丁吧。垦丁位于屏东县，三面环海，向东望去就是太平洋，有非常美丽的海岸线。因气候炎热，垦丁一年四季都可以潜水。人们潜到海里，可以看到五彩斑斓的珊瑚与鱼类。

在旅途中慢慢成长

每个人对大海都有莫名的向往，因为那无边无际的辽阔，因为那动听悦耳的波涛，因为那五彩斑斓的海底世界……相信见过大海后你的心胸会更加开阔。